Cuando yo se

por John Serrano

Cuando yo sea mayor, seré un médico. Un médico te puede ayudar.

Cuando yo sea mayor, seré un conductor de autobús. Un conductor de autobús te puede ayudar.

Cuando yo sea mayor, seré un bombero. Un bombero te puede ayudar.

T6
NO. 4
DISCHARGE

Cuando yo sea mayor, seré un peluquero. Un peluquero te puede ayudar.

Cuando yo sea mayor, seré un bibliotecario. Un bibliotecario te puede ayudar.

Cuando yo sea mayor, seré un mecánico. Un mecánico te puede ayudar.

Cuando yo sea mayor, seré
un maestro. Un maestro
te puede ayudar.

¿Seré un científico?